Filosofische fabels

Colofon

ISBN: 978 90 8954 087 4
1e druk 2009
© 2009 Wim Meyles

Exemplaren zijn te bestellen via de boekhandel
of rechtstreeks bij de uitgeverij:
Uitgeverij Elikser B.V.
Ossekop 4
Postbus 2532
8901 AA Leeuwarden
Telefoon: 058-2894857
www.elikser.nl

Vormgeving omslag en binnenwerk:
Evelien Veenstra

Filosofische fabels

Wim Meyles

De uil en de leeuwerik

Een uil en een leeuwerik hadden allebei hun nest in een oude iep aan de rand van een korenveld.

De leeuwerik was elke ochtend vroeg uit de veren. Bij het opgaan van de zon liet ze haar lied al luid en duidelijk horen.

De uil ergerde zich hieraan. Hij was gewend in de loop van de avond echt wakker te worden, en al dat gekwinkeleer hield hem behoorlijk uit zijn slaap.

De leeuwerik op haar beurt sliep onrustig door het nachtelijk gekrijs van de uil. Op een ochtend besloot ze de zaak eens bij haar buurman aan te kaarten.

Deze bleek echter in het geheel niet voor rede vatbaar.

"Ik ben nu eenmaal een avonddier," sprak hij zelfbewust. "En ik mag er zijn zoals ik ben. Maar nu we het er toch over hebben: kun jij je 's morgens niet eens een beetje gedeisd houden? Er gaat geen ochtend voorbij of je verstoort mijn dagrust."

"Nou wordt ie helemaal mooi," kwetterde de leeuwerik. "Wat is normaler dan opstaan bij het krieken van de dag? Dat jij zo'n nachtbraker bent, moet jij weten, maar daar hoef ik me toch niets van aan te trekken?"

"Weet je wat jij moest doen?" zei de uil. "Een andere boom zoeken."

"Ik peins er niet over," riep de leeuwerik. "Deze boom staat midden in het vrije veld, en dat is precies waar ik me thuis voel. Zoek jij maar een ander plekje om ongestoord te kunnen dagdromen."

"Waarom zou ik?" bitste de uil. "Ik heb deze plaats opgezocht omdat het hier wemelt van de muizen. Maar vlieg nu op alsjeblieft, want ik begin slaap te krijgen."

"Met alle plezier," zei de leeuwerik. "Het is al volop licht."

Ze bleef wat lager in de lucht hangen dan ze gewend was, en zong ook wat luider dan anders. Want ze was niet van plan zich de les te laten lezen door zo'n stomme uil.

Dit is nog maar één voorbeeld van de zaken
die een relatie lastig kunnen maken.

De vos en de raaf

Een vos die trek had in een stevig tussendoortje, sloop in het bos rond om te zien of er niet ergens een raaf in een boom zat met een lekker stuk kaas in zijn bek. En jawel hoor, al snel had hij er een gevonden.

"Lekker weertje vandaag," riep hij omhoog.

De raaf, ook niet van gisteren, hield zijn kaken op elkaar.

De vos begreep dat hij het slimmer aan moest pakken.

"Een bijna volmaakte lenteochtend," vervolgde hij. "Het enige wat er nog aan ontbreekt, is lieflijk ravengezang."

De raaf ontstak in een aanval van woede.

"Altijd weer dezelfde truc!" kraste hij. "Met vleierij aan de kost proberen te komen. En ons het image aansmeren van de domme vogel die er altijd weer intuint!"

Met een plof landde het stuk kaas op de grond. De vos holde er op een drafje heen en nam het in zijn bek.

"Bedankt!" lachte hij. "En wat dat gezang betreft, laat dat maar zitten."

"Had je gedacht," krijste de raaf. "Je streken kan ik je niet afleren, maar ik weet wel hoe ik je plezier kan vergallen."

Hij vloog naar beneden en fladderde zo hinderlijk mogelijk om de kop van de vos heen, terwijl hij de meest afgrijselijke klanken uitstootte.

De vos werd volslagen dol van het gekrijs. Met zijn staart tussen zijn poten droop hij af. Zijn eetlust was geheel verdwenen.

Soms wordt een goed diner verknald
door de muziek die erbij schalt.

Het lieveheersbeest

Op een van de eerste terrasdagen van het jaar zaten twee luizen op een rozenblad passerende insecten te bekijken.

"Wat vind je van zo'n mier?" vroeg de een.

"Mmm, helemaal in het zwart," zei de ander. "Mij een beetje te saai hoor. En mager dat ie is! Nee, niet bepaald mijn type."

"Die dan misschien?"

De eerste luis wees op een pissebed die over een ontluikende rozenknop waggelde.

"Wat? Die grijze vetzak? Nee, die hoef ik niet in mijn buurt te hebben. Jij wel soms?"

"Liever niet," giechelde de ander.

Vanonder de rand klauterde een lieveheersbeestje het blad op.

"Kijk, dat vind ik nou een coole kanjer," zei de eerste luis.

"Hij komt naar ons toe," fluisterde de ander. "Treffen wij het even. Kunnen we hem mooi van dichtbij bekijken."

Het lieveheersbeest was dol op luizen. Bovendien vormden ze een uiterst simpele prooi. Bijziend als ze waren, zagen ze zijn hongerige blik en zijn vervaarlijke kaken altijd pas als het te laat was. Met twee happen luisde hij ze erin.

Beoordeel ieder vriendje
naar lichaam én naar geest:
het kan een lieve heer zijn,
maar net zo goed een beest.

De mus en de koekoek

Uitgeput streek de mus op de rand van de dakgoot neer.

"Drukke dag gehad?" vroeg een koekoek die een stukje verderop zat.

"Kun je wel zeggen," pufte de mus. "Met vier jongen kom je aan jezelf niet toe."

"Hangt ervan af," zei de koekoek. "Ik heb er ook vier."

"Moeten die dan niet eten?" vroeg de mus verbaasd.

"Natuurlijk," antwoordde de koekoek. "Daar wordt voor gezorgd."

"Waar zijn jouw jongen dan?"

"Overal en nergens. Ik heb mijn eieren her en der gelegd, maar vraag me niet meer waar."

"Heb jij dan helemaal niets te doen?"

"Zeker wel. Ik vlieg de hele dag."

"Koekoek," klonk het in de lucht.

"Kijk," zei de koekoek. "Dat zou er wel eens een van mij kunnen zijn. Vind je niet dat hij mooi zingt?"

"Het zal best," zei de mus. "Maar ik ga weer aan de slag. Het is de hele dag etenstijd, weet je."

De opvoeding is kort gezegd
iets wat je doet of wat je laat.
Komt er in huis niets van terecht,
ach, dan gebeurt het wel op straat.

Evolutie

De dieren van het oerbos kwamen in spoed-
vergadering bijeen. Onderwerp van gesprek was
de mens, die geduchte wapens ontwikkelde. Met
zijn bijl had hij menig dier al diepe wonden toe-
gebracht. En nu had hij een stok met een harde,
scherpe punt gemaakt, waarmee hij van afstand
dodelijk letsel kon toebrengen.

"Met één beet kon ik hem onschadelijk maken,"
gromde de wolf. "Maar die kans zal ik niet meer
krijgen."

"In een eerlijk gevecht vermorzel ik hem," brul-
de de beer. "Maar tegen zo'n werpstok kan ik niet
op."

"Dit is nog maar het begin," loeide de os. "Steeds
wreder wapentuig zal hij inzetten."

Alle dieren waren het erover eens dat ze de mens
moesten mijden. De machtige jager zou niet rus-
ten voor hij de zwaarste dikhuiden en de sluwste
roofdieren kon vellen.

Wat ooit in een onmeet'lijk bos
joeg op mammoet, beer en os,
doodt nu bladluis, slak en mier
in zijn tuin van vier bij vier.

De krekel en de mier

Een mier die heel de zomer dag in dag uit ge-
ploeterd had voor zijn kolonie, begon zich te er-
geren aan een krekel die zijn dagen vulde met het
zingen van loze liedjes.

"Heb jij niks beters te doen?" beet hij hem toe.
"Leg een wintervoorraad aan, net als wij, dan
hoef je straks niet bij ons aan te kloppen als de
honger begint te knagen. Wie niet werkt, zal ook
niet eten, weet je."

"Ik probeer jullie arbeid te veraangenamen met
wat muziek," reageerde de krekel. "Maar als je
het niet kunt waarderen, ga ik wel ergens anders
staan."

Toen het winter geworden was, had de mier genoeg te eten, maar niets te doen. Hij verveelde
zich dood, want hij had nooit geleerd zijn vrije tijd
te vullen. Teneinde raad klopte hij bij de krekel
aan.

"Maak je 's winters ook wel eens muziek?" vroeg
hij nederig.

"Meestal niet," antwoordde de krekel, "maar als
jullie zorgen voor een warme zaal, valt er over te
praten."

"En verder?" vroeg de mier.

"Ach, misschien kunnen jullie wat hapjes rege-
len," zei de krekel bescheiden.

In een lange rij stroomden de mieren toe. Ze hadden allemaal wat lekkers voor de muzikant meegenomen.

Toen iedereen een plekje gevonden had, ging de krekel op de voedselberg staan en zong zoals hij nog nooit gezongen had. Want het was verrukkelijk om van je lust je leven te maken.

Waarom een baan genomen
waarin je steeds moet ploeteren,
als je ook rond kunt komen
met tokkelen of toeteren?

Etenstijd

Grommend van genoegen zette de leeuw zijn tanden in het warme hertenlijf. Niets was malser dan het vlees van een jonge hinde. Hij zocht de lekkerste stukken uit en verorberde ze met smaak. Nee, het leven van een leeuw was zo slecht nog niet: als deze maaltijd gezakt was, hoefde hij alleen maar een nieuwe lekkernij te doden. Verzadigd keerde hij zijn prooi de rug toe. Nu lekker indutten op een zonverwarmde rots.

Zodra de leeuw uit het zicht verdwenen was, stortten de hyena's zich op de restanten van de hinde. Natuurlijk, het beste deel was verdwenen. Maar zij waren minder kieskeurig dan hun voorganger. Gretig scheurden ze het overgebleven vlees van de botten. Toen ze alles van hun gading naar binnen gewerkt hadden vertrokken ze weer, op zoek naar het volgende kadaver.

De gieren cirkelden hoog in de lucht. Ze moesten wachten tot de hyena's uitgegeten waren. Pas dan was het hun beurt, geheel volgens de regels van de natuur. Toen de rust rond het karkas was weergekeerd daalden ze neer. Gulzig schrokten ze alles op wat aan de beenderen was blijven hangen.

Gelokt door de geuren van rottend vlees kwamen de aaskevers tevoorschijn. In de kiertjes en spleetjes tussen de gewrichten vonden ze nog genoeg om hun maag te vullen. Urenlang kropen ze rond, tot er echt niets eetbaars meer te vinden was.

De een mag 's avonds graag
dineren of gourmetten;
de ander vult zijn maag
met rookworst en kroketten.

Ezeltje strek je

Een aap die in Italië op vakantie was, bezocht een dierentuin. In een kooi met dikke tralies zag hij een vale ezel staan, die er vermoeid uitzag. 'Asino Aureo' las hij op het bordje.

"Wat betekent dat?" vroeg hij in zijn beste Italiaans.

De ezel begreep dat hij met een buitenlander te maken had.

"Asino is Italiaans voor 'ezel' en Aureo betekent 'goud'."

"Ezel snap ik," zei de aap, "maar … waar slaat dat goud op?"

"Als je 'Ezeltje strek je' roept en aan mijn staart trekt, schijt ik gouden munten," legde Asino uit.

De bek van de aap viel open van verbazing.

"Echt goud?" riep hij uit.

"Echt goud," bevestigde de ezel.

"Mag ik ook eens?" vroeg de aap, die opeens visioenen van Luilekkerland kreeg.

Asino schudde zijn kop.

"Heeft geen zin," zei hij. "Kan alleen 's nachts. En dan zul je in de rij moeten staan, want je bent niet de enige die op geld belust is."

"Hoe laat kan ik het beste langskomen?" vroeg de aap gretig.

"Hoe laat word je meestal wakker?"

"Om een uur of zeven."

"Dan moet je hier uiterlijk om half zeven zijn," zei de ezel, "vóór je uit je droom ontwaakt."

De fabel van Asino gaat nog altijd door,
al lijkt zijn naam veranderd door die "C" ervoor.
Goudzoekers laten zich misleiden door de schijn,
en merken later pas dat zíj de ezel zijn.

De muis en de olifant

Een bosmuis werd 's middags vroeg wakker van een stampend geluid. Slaperig kroop hij zijn hol uit. Voor de ingang stond een poot.

"Hallo, je nieuwe buurman," klonk het van heel hoog.

"Maak je altijd zoveel lawaai?" vroeg de muis korzelig. "Normaal gesproken kom ik pas tegen de schemering mijn nest uit."

"Lawaai?" was het verbaasde antwoord. "Niet meer dan andere olifanten, denk ik. Vind je dit ook luid?" Met zijn slurf trok hij een dikke tak van een boom, waarvan hij het loof smakelijk naar binnen slobberde.

"Vreselijk!" riep de muis. "Kun je niet ergens anders wonen?"

"Waarom zou ik?" zei de olifant. "Leven en laten leven. Vrijheid blijheid. Ieder diertje zijn pleziertje. Tussen haakjes, mijn hobby is muziek. Zal ik een deuntje laten horen?"

Zonder de reactie van zijn buurman af te wachten, begon de olifant oorverdovend te trompetteren. De muis was zo overdonderd dat hij even verstijfd bleef zitten. Toen zette hij het op een lopen. Weg was alles wat hij wilde. Gelukkig had hij nog een verre vriend die hem wellicht een tijdje onderdak kon bieden.

Een goede buur is beter dan een verre vriend
zolang hij de geluidsversterker niet bedient.

De hamster en de andere dieren

Het was een zuinige zomer geweest en alles wees erop dat er een schaarste aan graan en noten zou ontstaan. Het kostte de hamster dan ook veel moeite zijn wintervoorraad op peil te brengen. Hij kwam in bossen en velden waar hij ooit eerder geweest was.

De dieren daar sloegen hem met argwaan gade.

"Wat moet je hier?" vroegen ze.

"Hamsteren," zei de hamster. "Wie het eerst komt, die het eerst haalt."

Hij verzamelde hazel- en beukennoten, gerst- en tarwekorrels zoveel hij kon en verstopte zijn buit zorgvuldig.

De winter was lang en koud. De hamster knaagde aan zijn noten en de honger knaagde aan de andere dieren. Ze herinnerden zich de bezoeker die hun territorium had afgestroopt.

"Het bos is leeg, maar het hol van de hamster is vol," zeiden ze tegen elkaar. "Laten we hem bezoeken en vragen of hij met ons wil delen."

Ze zochten overal, maar hun pogingen waren vruchteloos. Het leek alsof de hamster al zijn sporen had weten uit te wissen. En dus restte de dieren niets anders dan te wachten tot het voorjaar aanbrak.

Socialer dan de hamster is de mens:
die heeft dan ook meer hersens in zijn kop;
maar is de koopwaar schaarser dan gewenst,
dan valt het onderscheid niet meer zo op.

Het zwijn en de ezel

Een zwijn dat de hele dag nog niet gegeten had, passeerde een ezel die heerlijk stond te schransen. Dus verzon hij een list om te voorkomen dat al het voer het verkeerde keelgat zou binnengaan.

Hij zette zijn voorpoten op de voerbak en verkende de inhoud. Vooral de wortelen deden hem watertanden.

"Geen lekies?" vroeg hij verbaasd.

De ezel keek op en stopte met kauwen.

"Lekies?" vroeg hij. "Wat zijn dat?"

Het zwijn toverde een ongelovige blik op zijn snuit.

"Je wilt me toch niet vertellen dat je nog nooit lekies gegeten hebt?" vroeg hij. "De nieuwste smulvrucht! Als je die geproefd hebt, wil je geen wortels meer."

"Hoe kom ik daaraan?" wilde de ezel weten.

Het zwijn bracht zijn bek vlakbij het oor van de ezel.

"Ik weet wel een adresje," fluisterde hij. "Meestal moet je twee wortels betalen voor een lekie, maar daar krijg ik ze voor de halve prijs."

"Wil ik wel proberen," hapte de ezel toe.

"Weet je wat?" stelde het zwijn voor. "Ik zoek vijf grote wortels uit jouw bak, en dan breng ik er vijf mooie lekies voor terug."

"Goed idee," zei de ezel. "Ik ben benieuwd."

Een uurtje later kwam het zwijn terug met zijn handel. Een voor een zette hij de lekies op de grond.

"Maar … dat zijn eikels," zei de ezel.

"Het is maar hoe je het bekijkt," antwoordde het zwijn. "Als ik ze andersom zet, zou je het inderdaad eikels kunnen noemen. Maar op hun kop smaken ze beslist lekkerder."

De ezel begreep dat hij ertussen genomen was. Maar hij hield zich groot en deed alsof hij de eikels met smaak verorberde. Hij nam zich voor een volgende keer beter op zijn tellen te passen.

De volgende ochtend kwam het zwijn opnieuw langs. Na het succes van de vorige dag wilde hij wel een tweede poging wagen om de ezel wat voer te ontfutselen. Hij had een appel in zijn bek die hij naast de voederbak op de grond legde. Luid smakkend begon hij te eten.

"Wat heb je daar?" vroeg de ezel.

Het zwijn deed alsof hij niets hoorde en werkte de laatste restjes van zijn maal naar binnen.

"Wat heb je daar?" vroeg de ezel nogmaals. "Zo te zien smaakt het je goed."

"Wacht even!" maande het zwijn. "Niet meteen praten! Ik sta nog even na te genieten van mijn leppa."

"Je wát?" vroeg de ezel nieuwsgierig.

"Mijn leppa," herhaalde het zwijn. "Vind jij die ook zo lekker?"

"Geen idee," zei de ezel. "Nooit gehad."

"Proberen?" stelde het zwijn voor.

"Graag," zei de ezel. "Wat kosten ze?"

"Vijf wortels," zei het zwijn. "Ik geef toe, goedkoop zijn ze niet. Maar dan heb je wel de ultieme smaakbeleving."

Een ezel stoot zich in 't gemeen
geen tweemaal aan dezelfde steen,
maar met wat reclametaal
doet hij het wel honderdmaal.

De drie uilen

Drie uilen bogen zich over het nest van de tjif-tjaf.

"Wat een joekel," zei de eerste.

"Inderdaad," beaamde het vogeltje. "Maar wat is het?"

"Een ei," spraken de uilen eenstemmig.

"Dat kan ik ook wel zien," zei de tjiftjaf. "Daar heb ik jullie hulp niet voor nodig."

"Onmiskenbaar een kraaienei," zei de eerste.

"Dat zie je verkeerd," betoogde de tweede. "Aan de spikkels kun je zien dat het van een duif is."

"Larie!" riep de derde. "De kleur geeft duidelijk aan dat dit een gaaienei is."

"Kraaienei!" riep de eerste.

"Duivenei!" kraste de tweede.

"Gaaienei!" krijste de derde.

Boven hen klonk het geluid van een koekoek. Maar er was geen uil die daar aandacht aan besteedde.

In debatten blijkt altijd
Hollandse deskundigheid:
elke echte Nederlander
weet het beter dan de ander.

De gefrustreerde slak

Jumping Amsterdam is het sportieve hoogtepunt van het jaar voor de dieren van het Vondelpark. Straathonden, zwerfkatten, kikkers, konijnen: alles wat bewegen kan doet mee.

"Heb jij je al ingeschreven?" vroeg de sprinkhaan aan de slak.

"Voor het hoogspringen?" vroeg de slak. "Nee, daar vind ik niks aan."

"Maar je komt toch wel kijken?"

"Ik peins er niet over. Het is elk jaar hetzelfde. Ik vind dat we eens wat anders moeten bedenken."

"Zoals?"

"Paalkleven bijvoorbeeld. Dat wil ik zelf maar eens gaan organiseren. Wie het langst een meter boven de grond aan een paal kan blijven hangen, wordt wereldkampioen."

"Veel succes!" lachte de sprinkhaan schamper. "Mij niet gezien. Ik houd het maar weer bij springen dit jaar."

Ook wie geen meter hoog kan springen
wil wel eens naar een beker dingen.

De specht en de spreeuw

Een spreeuw zat toe te kijken hoe een specht zijn voedsel uit de bast van een dennenboom klopte.

"Wat eet jij?" vroeg hij nieuwsgierig.

De specht onderbrak zijn geroffel.

"Insecten," antwoordde hij. "Mieren, larven, kevertjes."

De spreeuw trok een vies gezicht.

"Verder niets?" vroeg hij.

"Duizenden delicatessen zitten er op zo'n boom. Wat zou ik meer moeten wensen?"

Het was even stil.

"Ben jij helderziend?" vroeg de spreeuw.

"Hoezo?" reageerde de specht.

"Hoe weet jij waar die insecten zitten? Kun je door de schors heenkijken?"

"Kijken niet. Ik wéét gewoon waar ze zitten."

"Maar hoe weet je dat dan?"

"Daar heb ik nooit zo over nagedacht," zei de specht. "Misschien is dat wel wat ze met 'instinct' bedoelen. Maar als je het niet erg vindt, ga ik weer verder met mijn maaltijd. Ik zie daar een stukje bast waar een hele torrenfamilie onder zit."

De mens, meer aan zijn brein gehecht,
heeft zijn instinct vaarwel gezegd;
hetgeen toch wel een groot gemis
bij 't kopen van een kraslot is.

De brulkikker

Op warme zomeravonden was het altijd gezellig in de poel. Honderden kikkers verzamelden zich voor een onderonsje en het gekwaak was dan ook niet van de lucht. Iedereen wilde de dingen van de dag delen, of het nu de vangst van een malse waterjuffer betrof of de ontsnapping aan de snavel van de ooievaar.

Vooral bij jonge stelletjes was het meertje in trek. Op en rond de waterlelies maakten ze er een dolle boel van. De oudere kikvorsen hielden zich afzijdig van de drukte. Maar er was ruimte genoeg om ook hen een plezierig plekje te bieden.

Op een avond werd het knusse samenzijn onderbroken door een luide brul die op het eerste gehoor aan het geloei van een koe deed denken. Het gekwaak verstomde. Verbaasd keken de kikkers rond. In de wijde omtrek was geen rund te zien.

"Wrrhum, wrrhum," klonk het opnieuw. Zo te horen kwam het geluid van de westelijke oever. In de schemering ontwaarden ze een diersoort die wat vorm betrof aan henzelf deed denken, maar minstens twee keer zo groot was. Het beest had een groene rug en een oranje buik en keek de kikkerclub uitdagend aan.

De eerste jonge kikkers waren de vreemdeling inmiddels tegemoet gezwommen en vroegen hem nieuwsgierig naar zijn identiteit.

"Billy de Brulkikker", legde hij uit, "en ik kom jullie vermaken met mijn muziek. WRRHUM, WRRHUM."

De jeugd was dadelijk in de ban van de kleurige muzikant, maar de ouderen waren minder gecharmeerd.

"Moet dan nou, die herrie?" was hun commentaar. "We kunnen elkaar nauwelijks verstaan."

Maar hun protest ging ten onder in het kabaal van de luidruchtige zanger, die intussen met zijn eerste nummer begonnen was.

> *Disco: duizend jonge stellen*
> *tussen honderd decibellen.*
> *"Ergo," sprak de filosoof,*
> *"liefde maakt niet blind, maar doof."*

De duinkonijnen

De konijnen leidden een vreedzaam bestaan van vermenigvuldigen en delen. Maar hoe meer ze zich vermenigvuldigden, hoe minder er te delen viel. Ze plaatsten bordjes met de waarschuwing 'Volland' en bekeken elk dier dat hun terrein betrad met argwaan.

Op een zonnige zomerochtend strompelde een gewonde fazant het duingebied binnen.

"Wie ben je en wat kom je hier doen?" vroegen de konijnen bars.

"Slachtoffer van geweld," antwoordde de fazant. "Mag ik hier blijven?"

De konijnen keken elkaar aan. Het beest was heel anders bruin dan zijzelf.

"We zullen er over nadenken," beloofden ze. "Tot die tijd kun je een hol krijgen."

"Een hol?" vroeg de fazant. "Niet een nest?"

"Geen sprake van," was het antwoord. "Je moet je natuurlijk wel een beetje aanpassen."

Waar de blanke top der duinen
schittert in de zonnegloed,
worden buitenlandse bruinen
zelden hartelijk begroet.

De katten en de nachtegaal

"Wat is jouw lievelingsgerecht?" vroeg de kater.
"Merel," zei de poes. "En van jou?"
"Nachtegaal," zei de kater.
"Hou op!" zei de poes. "Het water loopt me in de bek."
"Ik weet wel een lekkere te vinden. In de wilde rozenstruiken aan de rand van het park. Ga je mee uit eten vannacht?"
"Graag! Hoe laat spreken we af?"
"Als het beest begint te zingen."

Het was een stille zomeravond. Een volle maan verlichtte het veld. De nachtegaal liet zich luid-keels horen.
"Dat hebben wij weer," verzuchtte de kater. "Een klaarlichte nacht! Hoe kunnen we dat beest in vredesnaam besluipen?"
"Omlopen door het park," stelde de poes voor. "En dan maar een tijdje schuilhouden, totdat ze denkt dat we weg zijn."
Met een lange omweg bereikten de katten de ro-zenstruiken. Vogelgezang was niet meer te horen. Een kwartier verstreek, een half uur, een uur. Maar de nachtegaal hield zich stil.
"Zou ze er nog wel zijn?"vroeg de poes.
De kater begon te snuiven.

"Die ellendige rozen," mopperde hij. "Als die in bloei staan, ruik je geen beest meer."

"Wachten of weggaan?" vroeg de poes.

"Laten we maar naar huis gaan," zei de kater. "Mijn maag begint behoorlijk te rammelen. Wat heb jij nog staan?"

"Brokken van gisteren," zei de poes. "En jij?"

"Een restje Whiskas," zei de kater.

"Nou ja, het is niet anders," zei de poes. "Je kunt niet altijd geluk hebben."

Het leven kent veel narigheid,
tegenslagen en chagrijn,
maar is gelukkig niet altijd
rozengeur en maneschijn.

Het mooie jonge eendje

Elke ochtend liep het mooie jonge eendje al vroeg naar de vijver om zichzelf te bewonderen. Lang kon ze daar nooit van genieten, want haar broertjes en zusjes kwamen haar al snel achterna om te stoeien en te spetteren.

"Doe mee!" snaterden ze. "Lekker spelen! Lekker eten!"

Het mooie jonge eendje schudde haar kop.

"Ik blijf wel op de kant staan," zei ze. "Stoeien is slecht voor mijn veertjes. En van eten word ik te dik."

"Wat wil je dan?" vroegen de anderen.

"Een nog mooier eendje worden," zei ze. "Ik ben nu eenmaal anders dan jullie. Eerlijk gezegd denk ik dat ik helemaal geen eend ben. Misschien ben ik wel een zwaan, net als in dat sprookje."

De broertjes en zusjes keken haar aandachtig aan. Haar lijf leek inderdaad een beetje witter dan het hunne.

"Zwanen hebben een lange hals," zei er een. "Dat kan ik van jou niet zeggen."

"Lig eens even stil," zei het mooie jonge eendje. "Dan kan ik mezelf beter bekijken."

Ze rekte haar hals zo ver mogelijk uit en ging vlakbij de waterkant staan. Maar haar broertjes en zusjes hadden hun spel al hervat. Het enige wat ze zag was een lelijk, rimpelig beeld. Vol afschuw wendde ze zich af en liep ze terug naar de boerderij.

Na een paar weken was de hals van het mooie jonge eendje nog steeds niet langer dan die van de anderen. Integendeel, het leek wel of haar broertjes en zusjes een langere nek hadden dan zijzelf. Ook groeiden er nog steeds geen zwemvliezen tussen haar tenen. De kans dat ze een zwaan zou worden leek verkeken. Maar wie weet werd ze wel een ander bijzonder dier: een parelhoen, of een goudfazant! Ze besloot de boerderij eens rond te lopen om te zien of er vogels te vinden waren die op haar leken.

Ze was nog maar net onderweg toen ze in haar nekvel gegrepen werd.

"Sinds wanneer lopen de kippen hier vrij rond?" klonk een verbaasde stem.

Een mannenhand hield haar stevig beet. Voor ze het wist was ze over een hek gezet en bevond ze zich tussen honderden kakelende wezens die er allemaal precies zo uitzagen als zij.

Vele eendjes langs het water
Wanen zich al bijna zwaan;
Maar de meesten zullen later
Toch als kloek door 't leven gaan.

De weerbarstige kudde

Hoewel de herder hen regelmatig tot spoed maande, zag het er niet naar uit dat de kudde de stal voor het donker zou bereiken. Telkens dwaalden er schapen af. Anderen waren helemaal niet tot lopen te bewegen: waar ze gras zagen, hielden ze halt en begonnen ze te eten. Eigenlijk was er van een kudde geen sprake: ieder deed gewoon waar hij zelf zin in had.

Vertwijfeld krabde de herder zich op het hoofd. Wat moest je met zo'n ongezeglijk gezelschap beginnen?

Onze kindgerichte staat
streeft naar onderwijs op maat:
dertig pubers in een klas,
van autist tot wildebras.

De dierentuin

Het beleid van de dierentuin werd drastisch gewijzigd: geen hokken meer waarin soort bij soort huisde, maar een park waarin iedereen vrij kon rondlopen. Nee, niet de leeuwen, de wolven en de beren natuurlijk: zij zouden hun vrijheid misbruiken om andere dieren te terroriseren. Rondom het park zou een omheining gebouwd worden om ongewenste indringers te weren.

Helaas waren de dieren in het geheel niet enthousiast.

"Ik wil niet dat de gemzen op mijn rots klimmen," zei de chimpansee.

"Ik wil niet dat de pinguïns in mijn bad zwemmen," zei de zeehond.

"Varkens stinken," zei het hert. "Die wil ik niet in mijn buurt hebben."

"Ik wil niet uit dezelfde voerbak eten als de kraai," zei de gans.

"Dan wil ik dat ook niet," zei de papegaai.

"De olifant zal me vertrappen met zijn logge poten," zei de muis.

Toen de Dag van de Vrijheid aanbrak en de deuren van de kooien opengezet werden, bleven alle dieren dan ook gewoon zitten waar ze zaten.

Europa één? Nee, eigen volk komt eerst;
nationalisme groeit, verdeeldheid heerst.
Het rund, de gans, de ezel en de bok:
ze blijven liever in hun eigen hok.

De adder onder het gras

Elke dag begon met een grote wasbeurt: vogels spetterden in de plassen, zoogdieren likten hun pels, en Eva baadde zich in de beek.

Onder het gras op de oever klonk geritsel. Even later kwam de kop van een slang tevoorschijn.

"Pssst," siste hij. "Appeltje?"

Eva keek verbaasd op.

"Wie ben jij?" vroeg ze wantrouwend.

"Komerssi, de adder," stelde de slang zich voor. "Ik heb wat lekkerss voor je."

"Waarom zou ik een appel van jou aannemen?" vroeg Eva. "De Hof staat vol fruitbomen. Als ik zin heb, pak ik zelf wel."

"Je weet niet wat je ssegt," wees de adder haar terecht. "Dit iss een bijssondere appel. Van de Boom van Kenniss van Mooi en Lelijk. Wie hiervan eet, ssal eeuwige sschoonheid bessitten."

Hiermee raakte hij een gevoelige snaar. Nieuwsgierig liep Eva naar de oever om de vrucht van dichtbij te bekijken.

"Hij ziet er schitterend uit," moest ze toegeven. "Heb je er ook een voor Adam? Die mag ook wel een beetje gepimpt worden."

"Niet zo sstom!" waarschuwde de slang. "Schoonheid is jouw macht! In de sstrijd tusssen de ssekssen zul je die appel hard nodig hebben!"

"Wat voor ras is het?" wilde Eva weten.

"Golden Delissiouss," zei de adder.

"Zomaar voor niks?" vroeg Eva.

"Helemaal gratiss," bevestigde de slang.

De volgende ochtend vertoonde de adder zich opnieuw bij de beek.

"Pssst," lokte hij. "Ik heb er twee vandaag!"

"Waarom twee?" vroeg Eva.

"Je wilt toch mooi zijn?" lispelde de slang. "Twee iss meer dan een, nietwaar?"

Eva klom op de oever en zette haar tanden in het fruit.

"Mmm, heerlijk!" sprak ze glimmend. "Maar hoe kom ik erachter hoe mooi ik ben?"

"Je bent ssuper," prees de adder.

De derde dag had Komersi drie appels bij zich.

"Drie halen, twee betalen," kondigde hij aan.

"Betalen?" vroeg Eva. "Ze waren toch gratis?"

"Van gratiss kan ik niet leven," siste de adder.

"Maar ... ik heb geen geld," stamelde Eva.

"Geeft nikss," suste de slang. "Geef me je ssiel!"

"Mijn siel? Wat is dat?" vroeg de vrouw.

"Je diepsste verlangen," zei Komersi. "Sschoonheid duss. Alss je mij die wenss laat vervullen, komt alless goed."

"Kom je dan elke dag appeltjes brengen?" vroeg Eva.

"Ik je ssiel, jij je ssaligheid," beloofde de slang.

Trouw kwam de adder elke ochtend met een paar appels aanzetten. Aanvankelijk waren het mooie ronde, met een gouden glans. Gretig nam Eva ze in ontvangst. Over haar ziel maakte zich niet druk. Ze kon niet zeggen dat ze die miste. Integendeel, het leek alsof ze met de dag gelukkiger werd. Bovendien bleek Komersi een attente adder te zijn. Af en toe nam hij een extraatje voor haar mee: een kam, een spiegeltje of een paar kralen. Zulke cadeautjes gaven haar altijd een warm gevoel.

Na een paar weken kreeg Eva de indruk dat de kwaliteit van de appels achteruit ging. Ze leken kleiner, bruiner en rimpeliger te worden. Voorzichtig bracht ze het ter sprake.

"Tsss!" riep Komersi. "Wat wil je? Het sseissoen is voorbij. Ik kan van winterappelss toch geen ssomerappelss maken? We ssijn hier niet in het Paradijss!"

"We zijn hier wél in het Paradijs!" riep Eva.

De adder kronkelde van plezier.

"Wie heeft dat je wijss gemaakt?" vroeg hij. "Adam sseker! Allemaal hofmakerij!"

"W-waar zijn we dan?" stotterde Eva.

"In de natuur, sschat!" riep de slang. "Kijk om je heen!"

Tot haar schrik zag Eva dat alle bladeren verkleurd en alle bloemen verwelkt waren.

"Waarom wist ik dat niet?" riep ze boos.

"Je wilde het niet weten," zei de slang. "Je hebt de hele tijd in je sspiegel ssitten sstaren!"

Onwillekeurig keek Eva in het spiegeltje dat ze bij zich droeg. Ze sloeg haar hand voor haar mond. De rimpels die ze op de appels had gezien, waren ook op haar gezicht verschenen.

"Jouw schuld!" beet ze de slang toe.

"Niet te ssnel," sprak de slang vermanend. "Je kent mijn asssortiment nog niet!"

"Wat bedoel je?" vroeg Eva.

"Die rimpeltjess sstellen nietss voor!" stelde Komersi haar gerust. "Morgen ssijn sse weer weg. Kijk eenss hier! Ik heb wat nieuwss voor je meegenomen. Een perssik, voor een perssikssachte huid. Deze week vijf voor de prijss van vier!"

Zelfs de vrouw die nu nog fris,
golden en delicious is,
wordt - reclametaal ten spijt -
Granny Smith te zijner tijd.

Het leven na de dood

Een koe, een varken en een schaap waren verwikkeld in een filosofische discussie.

"Als mensen doodgaan," zei de koe, "worden ze in de grond gestopt of verbrand."

"Met vlees en al?" vroeg het varken.

"Met vlees en al," beaamde de koe.

"Kun je daar dan geen biefstuk van snijden? Of hamlappen? Geen worst of paté van maken?"

"Blijkbaar niet. Anders zouden ze het wel doen. Als ergens geld inzit, halen ze het er ook uit."

"Maar … mensen zijn toch hogere wezens dan dieren?" vroeg het schaap.

"Niet wat betreft hun lijf," zei de koe. "Dieren zijn over het algemeen leniger en meer gespierd, en beter beschermd tegen slecht weer. Maar mensen schijnen wel een geest en een ziel te hebben."

"Wat moet ik me daar bij voorstellen?" vroeg het schaap.

"Geen idee," zei de koe. "Misschien is het wel een bedenksel. Een soort reclame voor zichzelf.."

"Zielig," zei het schaap.

"Of geestig," zei de koe. "Het is maar hoe je het bekijkt."

Uw lichaam rust, als u er bent geweest,
in graf of urn of diepvries: een van drieën;
maar over voortbestaan van ziel en geest
bestaan nog steeds de wildste theorieën.

De vos en de fazant

Een fazant die over een slingerend bospaadje liep, werd verrast door een vos die in een bocht op iets lekkers zat te wachten.

"Gluiperd!" kakelde ze. "Kun je wel, langs zo'n kromme weg! Jij geeft een ander ook nooit een kans om weg te vliegen!"

"Krom?" sprak de vos verbaasd. "Hoe kom je erbij! Dit pad is kaarsrecht. Vertel me eens, wanneer kun je iets het best zien: van veraf of van dichtbij?"

"Van d-dichtbij," stamelde de fazant.

"Juist!" zei de vos. "Loop nu eens een stukje in mijn richting."

Aarzelend deed de fazant een paar passen voorwaarts.

"En?" vroeg de vos. "Is de weg tussen jou en mij recht of krom?"

"Tamelijk recht," gaf de fazant toe.

"Nog een klein stukje en je zult zien dat ik het bij het rechte eind heb."

De fazant naderde de vos tot op een meter.

"Recht of krom?" vroeg het roofdier.

"R-recht," fluisterde de fazant.

"Goed gezien," prees de vos. "Dan is het nu etenstijd."

Met één sprong had hij de fazant te pakken en kon hij beginnen aan het menu van de dag.

't Verschil tussen rechtspreken en recht praten
is niet bekend bij alle advocaten.

De koning der dieren

In een land waarin de mens zich druk maakte om de vraag wie de Sterkste Man, de Mooiste Vrouw en de Bekendste Nederlander was, konden de dieren niet achterblijven. Zij zetten een wedstrijd op poten om een nieuwe koning te kiezen. De leeuw was vrijwillig teruggetreden, omdat hij zich als bedreigde diersoort schaamde voor zijn eretitel. Zijn opvolger zou het dier zijn dat zich het best had weten staande te houden onder het juk van de menselijke evolutie.

Het zag er naar uit dat slechts weinigen zich kandidaat durfden te stellen. Door ontbossing, verstedelijking en vervuiling was ieders territorium ingeperkt, was de kwaliteit van het leven aangetast en werd menige soort met uitsterven bedreigd.

Uiteindelijk waren er slechts vijf deelnemers: de zwaluw, de vos, de kat, de hond en de rat. Elk van hen zou proberen aan te tonen dat zijn soort het best overeind was gebleven in de strijd om het bestaan.

Op de dag van de waarheid verzamelden alle dieren zich op de afgesproken plaats. De zwaluw mocht als eerste zijn verhaal doen.

"De temperatuur in het land is zo gestegen dat ik in de herfst niet meer naar het Zuiden vlieg. Van trekvogel ben ik standvogel geworden. Is dat niet bijzonder?"

"Dat is geen verdienste," wierpen sommige dieren tegen. "Daar heb je zelf geen moeite voor hoeven doen."

"Ik houd mijzelf met gemak in leven," zei de vos. "In het wild is steeds minder voedsel te vinden, maar ik kan moeiteloos mensenhokken binnendringen om kippen te verschalken."

De kippen hieven een luid gekakel aan. Een soort die ten koste van een andere soort overleefde, kon op weinig waardering rekenen.

"Hoeveel vossen zijn er eigenlijk nog?" wilde een kraai weten.

"Niet zoveel," moest de vos toegeven. "Er wordt helaas weer vaak op ons geschoten."

"Een jager die zelf opgejaagd wordt," zei de kraai schamper. "Hoe denk je dat probleem op te lossen?"

Op deze vraag moest de vos het antwoord schuldig blijven. Bedremmeld trok hij zich terug.

"De mens heeft zich van alle dieren het snelst ontwikkeld," betoogde de kat. "Als je wilt overleven, zul je met hem moeten samenwerken. Wij katten hebben het voor elkaar gekregen dat mensen onze aanwezigheid op prijs stellen. Sterker nog, ze zorgen ervoor dat wij volop te eten hebben. Muizen en vogels hoeven we dus niet meer te vangen. Onze populatie is alleen maar gegroeid in de laatste vijftig jaar."

Vanuit de vergadering klonk een instemmend gemompel.

"Voor mij geldt hetzelfde," zei de hond. "Maar ik sta in hoger aanzien bij de mens dan de kat. Ik bewaak zijn erf en zorg ervoor dat hij elke avond uitgelaten wordt. Als het erop aankomt, overleef ik makkelijker dan de kat, omdat ik van groter nut ben."

"Slaven zijn jullie!" riep de rat. "In het wild zouden jullie geen schijn van kans maken! Wat is het leven van een dier waard in een kooi, aan een riem of in een stal? Net als de hond en de kat gedijen wij ratten goed in de welvaartstaat. Maar wij doen geen concessies. Sterker nog: wij vreten gigantische hoeveelheden graan en andere gewassen en slopen hun dijken. Met ons gedrag en ons consumptiepatroon doen we wezenlijk afbreuk aan hun vooruitgang."

Het was duidelijk dat niemand de rat naar de kroon kon steken. Geen dier had zich beter aangepast aan de menselijke beschaving. Er klonk dan ook een luid applaus. Met algemene instemming werd de rat tot Koning der Dieren uitgeroepen.

De toekomst biedt de mensheid volop hoop:
de evolutie blijft zich snel voltrekken;
al valt dat niet eenvoudig te ontdekken
bij voetbalstadion en uitverkoop.

De duiven

Toen de kinderen het nest uit waren, hadden de duiven tijd te over. Voer hoefden ze niet te zoeken: onder hun eik lag een goudgeel tarweveld, waar ze naar hartenlust konden schransen. Weliswaar behoorde het graan toe aan een duifonvriendelijke boer, maar die wist bij gebrek aan een wapenvergunning niets beters te doen dan het plaatsen van een houterige pop, die geen vogel schrik aanjoeg.

"Wat een bestaan," koerde de duivin. "Zou het veel moeite zijn om een tweede nest te bouwen?"

"Eitje," zei de doffer. "Weet je wat? We nemen de populier bij het maïsveld. Dan veranderen we nog eens van spijs."

Twee dagen later zaten ze op hun nieuwe stek van het uitzicht te genieten. Af en toe staken ze hun achterlijf over de rand om hun behoefte te doen. Want als dier kun je zelfs je vuil ongehinderd storten.

Beslommeringen kent een dier
maar zelden in zijn levensdagen:
nooit een tijdrovend formulier,
nooit een vergunning aan te vragen.

Het paradijs

Op een ochtend zagen de dieren in het paradijs een onbekend wezen. Hij leek op een aap, maar was minder behaard, en hij droeg een schep bij zich. Midden in het veld bleef hij staan. Hij keek om zich heen en begon te spitten.

Hij ging door tot hij een grote berg aarde gevormd had. Toen het avond werd, bekeek hij zijn werk. Hij knikte goedkeurend en verdween.

De volgende ochtend kwam hij terug en vulde de gracht om zijn berg met water. Wantrouwend keken de dieren toe. Ze begrepen het doel van zijn arbeid niet: heuvels waren er toch genoeg?

De derde dag plantte de nieuwkomer een hortensia op zijn heuvel. Ook dit was vreemd, want hortensia's waren er al in overvloed.

De vierde dag bracht hij een kooi met een kanarie. En dat terwijl er duizenden zangvogels in de bomen zaten!

De vijfde dag plaatste hij een aquarium naast de kooi, met visjes net zo mooi gekleurd als die in de rivier.

De zesde dag kwam hij aanzetten met een zware tros bananen. Met een diepe zucht legde hij zijn vracht neer.

De zevende dag kwam hij pas laat tevoorschijn. Achter hem liep een soortgenoot, een vrouwtje zo te zien. Ze gingen samen op de berg zitten en begonnen bananen te eten. De schillen gooiden ze ver weg, over de gracht, zodat ze er geen last van zouden hebben.

De argwaan van de dieren ebde weg. Voorlopig leek dit nieuwe wezen geen bedreiging en konden ze gewoon hun gang blijven gaan.

Zijn wij familie van de baviaan,
of door een Schepper naar zijn beeld geschapen?
Tweeduizend jaar geschiedenis toont aan
dat mensen scheppers kunnen zijn én apen.

De najaarstrek

"Opa, waarom gaat u niet mee?"

"Ik ben te oud, jongen. Zo'n lange vlucht, dat trek ik niet meer."

"Maar straks kruipen alle wormen diep de grond in."

"Ik weet het jongen, maar het is niet anders. Ik zal wel zien hoe ik overleef. En ik ben niet de eni-ge: veel van mijn vrienden hebben ook besloten hier te blijven. Ach, misschien valt het wel mee. De grond bevriest niet elke winter."

Steeds meer kieviten stegen op. Honderden vlo-gen er al rond boven de weilanden. Toen duidelijk werd dat het reisgezelschap compleet was, zetten ze massaal koers naar het Zuiden.

De najaarstrek komt ook bij Nederlanders
veelvuldig voor, al is 't gezelschap anders:
bij ons zijn 't juist de zwakken en de grijzen
die naar de warmte van het Zuiden reizen.

De aap en de kip

Er was eens een aap die lekker in het zonnetje lag te luieren. Midden in een droom over apinnetjes en zo werd hij gestoord door een passerende kip.

"Niet te geloven!" kakelde het dier. "Raad eens wie ik tegenkwam!"

"Geen idee," gaapte de aap.

"Mijn nicht Klara!" riep de kip. "Jaren niet gezien, en nu loop ik haar zomaar tegen het lijf! Wel wat ouder geworden natuurlijk, en ook niet meer zo snel ter poot, maar wat wil je, we zijn geen kuikens meer."

"Interessant," geeuwde de aap, "maar waarom vertel je dat allemaal aan mij?"

"Mijn vriendinnen zijn nergens te vinden," klaagde de kip, "maar ik moet mijn verhaal toch even kwijt."

De aap dacht even na.

"Ik heb ze net nog gezien." loog hij.

"Dat meen je niet!" riep de kip. "Waar dan?"

"O, ginds," zei de aap. Met een vage beweging wuifde hij naar de verte.

"Bedankt!" zei de kip. "Sorry, maar dan ga ik er meteen vandoor."

"Pfft," verzuchtte de aap, "met dat gekakel heb ik helemaal niks. Maar ik vind dat ik me er aardig uitgewerkt heb. Ik geloof warempel dat ik herse-

nen begin te krijgen. Onthouden voor een volgende keer!"

Hij vlijde zich op zijn zij, en lag al snel weer te
dromen van apinnetjes en zo.

Heeft Darwin maar wat staan te zwammen?
Wanneer je vrouwenclubjes hoort,
dan lijkt zo'n kakelende soort
meer van de kippen af te stammen.

De vreemde vogels

In Laagland streken op een dag twee groene vo-
geltjes neer, op een plaats waar veel dieren waren.

"Wat zoeken jullie?" vroeg een kikker.

"Een veilig onderkomen en een toekomst voor
onze kinderen," zeiden de vogels. "In ons eigen
land is het slecht toeven voor woestijnparkieten."

"Tja," zei de kikker. "Als we alle trekvogels toe-
laten, wordt het hier veel te vol. We willen jullie
eerst een paar vragen stellen."

"Bijten jullie?" vroeg de vos.

"Krijsen jullie?" vroeg de meeuw.

"Zijn jullie uit op glinsterdingetjes?" vroeg de
ekster.

"Planten jullie je snel voort?" vroeg het konijn.

"Verwaarlozen jullie je kinderen?" vroeg de koekoek.

"Maken jullie veel rotzooi?" vroeg het zwijn.

"Hamsteren jullie?" vroeg de hamster.

"Nee," antwoordden de parkieten op elke vraag.
"Mogen we dan blijven?"

De dieren keken bedenkelijk.

"Even de koppen bij elkaar steken," zei de uil.

Het beraad duurde maar kort.

"Helaas," zei de kikker. "Jullie verzoek is afge-
wezen."

"Maar waarom?" vroegen de kanaries.

"Het is jullie kleur," zei de kikker. "Gifgroen! Dat zullen ze hier nooit accepteren."

Nederlanders klagen en frauderen,
zijn ikgericht en dol op kritiseren;
geef zulke mensen alsjeblieft geen buren
uit achterlijke andere culturen.

Het eenkennige eendje

Eenmaal uit het ei gekropen, volgde het eendje haar moeder waar ze ook ging. Eerst was dat een geruststellend idee, want een kind dat in zeven sloten tegelijk springt, kun je moeilijk beschermen. Maar op een avond werd het haar te veel.

"Alle eendjes zwemmen in het water," snaterde ze. "Ik word er helemaal falderalderiere van als je steeds achter me aanloopt."

"Ik wil bij jou blijven," piepte het jonge dier.

"Nooit heb ik een moment voor mezelf!" kwaakte de moeder. "Bovendien ben ik bijna aan mijn volgende nest toe. Dan zul je toch je vleugels uit moeten slaan!"

Op dat moment kwam de woerd aanwaggelen.

"O ja," snauwde ze snibbig. "Met jou heb ik ook nog een eitje te pellen. Ik wil wel eens weten waar jij de laatste tijd uithangt."

Wanneer een kind eenkennig is,
zegt men al gauw: "Er is iets mis."
Zodra je echter bent getrouwd,
is níet eenkennig zijn weer fout.

(W)etenswaardig

"Kun jij zien wat daar in de verte loopt?" vroeg de tijger aan de olifant. "Is dat die Duitse onderzoeker weer, of gewoon een chimpansee?"

"Ach, wat maakt het uit," zei de olifant onverschillig.

"Voor jou niet, plantenplukker," schimpte de tijger. "Maar ik heb toch echt liever een Hamburger dan een broodje aap."

Merel in de tuin of lijster?
Ach, dat boeit ons niet zo bijster.
Dieren zijn pas ons domein
als ze eet- of aaibaar zijn.

De ark

Het was drukkend warm in de haven van Ceotwé. De wolken hingen zo laag dat ze rechtstreeks uit de schoorstenen van het industrieterrein leken te komen. Bedrijvigheid viel nergens te bespeuren: hoewel het pas tien uur in de ochtend was, werd er nergens geladen of gelost. Zelfs de wind had zich bij de hitte neergelegd.

Vanuit een roestig vrachtschip klonken klaaglijke geluiden. Het was volgestouwd met dieren die uit hun natuurlijke omgeving geroofd waren om in welvaartslanden verhandeld te worden. In kisten, kratten en kooien wachtten ze angstig af wat komen ging.

Benedendeks was het zo mogelijk nog warmer dan buiten. Geen dier kon zich herinneren ooit zo'n verstikkende zomer te hebben meegemaakt. Het leek alsof er een constante dreiging in de lucht hing, een benauwend, aansluipend gevaar.

Aan een van de wanden in het ruim hing een rek met tientallen sleutels. De apen, die schuin onder deze verzameling gekooid waren, hadden al geprobeerd hoever hun armen reikten. Ver, maar helaas niet ver genoeg. Stokken om de sleutels los te wippen hadden ze niet. Gelaten zaten ze in hun cel, dicht op elkaar.

Mensen hadden ze al een paar dagen niet meer gezien. Het geluid van voetstappen op het dek was geheel verstomd. Aan de ene kant waren ze er niet rouwig om, maar het betekende wel dat hun voedselvoorziening gestopt was, en dat de honger begon te knagen.

"Het lijkt wel alsof we stijgen," merkte een oude chimpansee op.

"Kom op Mozes," spotte een jonge snotaap. "Als een schip in beweging komt, gaat het voor- of achteruit, maar niet omhoog."

"Ik denk dat Mozes gelijk heeft," zei een gibbon. "We gaan wel degelijk omhoog. Ik voel het."

Vanuit het hele schip klonken klanken die op onraad duidden: getjilp, geloei, gesnuif, gekrijs. Alle dieren, onwetend van de buitenwereld, voelden dat er iets ongewoons stond te gebeuren.

De stijging van het water ging gestadig door. Het schip raakte los van de meerpalen op de kade. Langzaam begon het met de stroming mee te drijven. Ook dit merkten de dieren onmiddellijk gewaar, gewend als ze waren om al hun zintuigen te gebruiken.

Zo te voelen voer het schip geen rechte koers. Evenmin was er motorgeronk te horen. Elk geluid van menselijke activiteit ontbrak. Het leek erop dat de dieren aan hun lot overgelaten waren.

Een plotse botsing bracht een schok teweeg. Wanden kraakten, kooien verschoven. Kreten van angst en ontzetting snerpten door het ruim. Sleutels vielen bij bosjes op de grond. Opnieuw staken de apen hun armen door de tralies. Deze keer hadden ze meer succes.

"Help ons!" "Haal ons er ook uit!" klonk het van alle kanten.

Mozes nam de leiding op zich.

"Heb geduld!" riep hij de dieren toe. "Geef ons de tijd om het schip te verkennen. Eerst moeten we weten of er mensen aan boord zijn. Als alles veilig is, laten we iedereen vrij."

In het halfdonker stommelden de apen naar de trap. Bij het opengaan van het luik viel een brede streep daglicht in het ruim.

Zonder geluid te maken, betraden de apen het dek. Rondom hen was enkel water te zien: een gladde zeespiegel, met als enig baken een dunne kuststrook ver achter het schip, die weldra uit het zicht zou verdwijnen.

Een snelle maar behoedzame zoektocht maakte duidelijk dat er zich geen mensen op het schip bevonden. Tot hun opluchting troffen ze op het achterschip een redelijk gevulde voorraadkamer aan, met een grote container vol drinkwater. De apen deden zich tegoed aan de beschikbare proviand, terwijl ze zich beraadden op hun situatie.

"Laten we echt iedereen vrij?" was een van de eerste vragen. "De leeuwen bijvoorbeeld? Zijn die te vertrouwen?"

"Onze wetten zijn de wetten van de natuur," sprak een baviaan. "Waarom zouden we die hier niet laten gelden?"

"Laten we onderhandelen," stelde iemand voor. "De leeuwen zullen bereid zijn om concessies te doen voor hun vrijlating."

"Ik zal met ze praten," beloofde Mozes. Hij daalde af in het ruim, gevolgd door zijn soortgenoten.

"Dierbare vrienden," riep hij, "we zijn vrij! Vrij, maar gevangen tegelijk. We dobberen op de oceaan, op een oude boot zonder mensen aan boord. We varen langzaam van de kust weg, zonder te weten waarheen. We hebben ontdekt dat er genoeg voer en drinkwater aan boord is voor de komende dagen, voor alle diersoorten die zich op het schip bevinden. Daarom hebben we besloten om iedereen vrij te laten. Alleen voor de leeuwen hebben we eerst nog een paar vragen."

Mozes schuifelde in het volle laadruim tussen de kisten door naar de kooi, waarin twee leeuwen gevangenzaten.

"Lusten jullie apen?" vroeg hij aan het mannetje.

De leeuw trok een vies gezicht.

"Flamingo's?" "Geiten?" "Bevers?" klonk het vanuit andere hokken.

"We beloven dat we ons zullen beperken tot het voedsel in de voorraadkamer," zegden de leeuwen toe. "Laat dus iedereen maar vrij."

Het duurde even voor de apen passende sleutels voor alle kisten en kooien gevonden hadden. Elk dier dat zijn vrijheid hervond, spoedde zich zo snel het kon naar het dek, om frisse lucht en water te vinden. Een uur later stond een bonte verzameling dieren naar de oceaan te staren, blij, verbaasd en onzeker.

"De ark," mompelde Mozes voor zich uit, "de ark des behouds." Vaag herinnerde hij zich verhalen van zijn ouders over mysterieuze gebeurtenissen in een ver verleden.

De apen kondigden aan dat zij voorlopig het beheer over de voorraadkamer op zich zouden nemen, om er op toe te zien dat elk dier zijn deel van de proviand zou krijgen. Ook vonden ze dat zij als bevrijders aanspraak konden maken op de kapiteinshut. Maar toen ze daar aankwamen, bleek deze ruimte bezet door twee leeuwen die breeduit op het tapijt lagen, genietend van het malse vlees van een pas gedode gazelle.

"Wat is dat?" riep Mozes woedend. "Jullie zouden je beperken tot het voer in de voorraadkamer."

"Doen we toch?" sprak het mannetje minzaam. "Het hele schip is één grote voorraadkamer. En daar liep deze jongedame rond. Aangenaam trouwens, ik had me nog niet voorgesteld. Noach is de naam."

"En ik ben Jeanne," zei het vrouwtje smakkend. "Jeanne d'Ark."

"Ik stel voor dat jullie benedendeks slapen vannacht, bij de andere dieren," vervolgde Noach.

Grijnzend liet hij zijn tanden zien. "Als jullie het luik open laten, is er genoeg frisse lucht. Wij hebben deze hut genomen, omdat we hier wat rust hopen te vinden voor onze verantwoordelijke taak."

"En welke taak mag dat zijn?" vroeg Mozes argwanend.

"Management," zei Noach. "De leeuw is de koning der dieren, nietwaar? Wij zullen jullie naar de vrijheid leiden. Op dus naar het beloofde land!"

Er heerste een gespannen stilte op de boot. De machtsgreep van de leeuwen had de dieren schichtig gemaakt. Slechts een enkeling durfde zich nog op het dek te vertonen. Voor het voer hoefden ze het ruim niet te verlaten: voor elke diersoort was een karig rantsoen vastgesteld, dat door de apen dagelijks werd rondgedeeld. Noach en Jeanne daarentegen zwolgen in overvloed van hun leeuwendeel.

Noach had Mozes opgedragen zich de stuurmanskunst meester te maken, ommeer greep op de koers van het schip te krijgen. De arme aap bracht het grootste deel van zijn dagen puzzelend en piekerend door in stuurmanshut en machinekamer.

Verder maakten de leeuwen bekend dat de boot voortaan "Vrijheidsark" genoemd zou worden. Het gebruik van andere namen (sommige dieren

hadden het woord "Doodkist" al in de bek genomen) werd bestraft met het inhouden van voer.

Na een tocht van twee weken kwam een berg-
achtig eiland in zicht. Mozes, die de verrekijker in
handen had, meldde Noach dat zich op de zwarte
rotspartij een groepje pinguïns ophield.

"Pinguïns?" vroeg de kapitein verbaasd. "Maar
... dat betekent dat we de Zuidpool naderen."

"Dat betwijfel ik, want ik zie nergens ijs," wierp
Mozes tegen.

Noach keek hem minachtend aan.

"Ik dacht dat jullie apen zo slim waren," smaal-
de hij. "Waar denk je dat al dat water vandaan
komt?"

Mozes zweeg beschaamd. Opeens begreep hij
alles. De ijskappen waren gesmolten. De hitte had
niet alleen Ceotwé geteisterd, maar de hele aarde
opgewarmd. Snel gooide hij het over een andere
boeg.

"Meenemen of laten staan?" vroeg hij.

"Meenemen," besliste Noach. "Pinguïns zijn
meesters in het opduiken van vis. Niet dat ik zo'n
visliefhebber ben: per slot van rekening zijn Jeanne
en ik geen zeeleeuwen. Maar regeren is vooruit-
zien, nietwaar? Je weet maar nooit hoe lang onze
cruise op de Vrijheidsark nog duurt."

Toen de pinguïns aan boord gehaald waren, beval Noach Mozes de steven te wenden en noordwaarts te varen.

Zwijgend voerde de chimpansee het commando uit. Langzamerhand begon hij het navigeren in de vingers te krijgen. Dit bood hem tevens meer ruimte om zijn gedachten over de gebeurtenissen van de afgelopen tijd te laten gaan. In het zuidelijke zeegebied hadden ze inderdaad weinig te zoeken: een geschikte plek om aan land te gaan was hier niet.

Maar er waren meer dingen die hem bezighielden. Hij had het gevoel dat de temperatuur geleidelijk daalde, hoewel de ark steeds verder van het poolgebied verwijderd raakte. Bergtoppen die op de heenweg nauwelijks zichtbaar waren geweest, rezen nu een stuk boven de oceaan uit. Was het water aan het zakken? Het was in ieder geval zaak de verrekijker bij de hand te houden. Elk uur speurde hij de oceaan af in de hoop een mogelijke landingsplaats te ontdekken. Hij besloot zijn koers naar het noordoosten te verleggen, om te voorkomen dat ze weer in Ceotwé terug zouden keren.

Op een heldere ochtend doemde een kaal, grijs gebergte op aan de horizon. Naarmate de ark dichterbij kwam, constateerde Mozes dat het er woest en ledig uitzag. Hij adviseerde Noach, die tegenwoordig nog maar zelden de kapiteinshut verliet, een vogel op verkenning te sturen.

De leeuw had hier wel oren naar: de voedsel-
voorraad was danig geslonken, en hij voelde een
groeiende behoefte om weer eens op jacht te
gaan.

Binnen een paar minuten fladderde het gerucht
de hele boot rond. Een duif meldde zich onmiddellijk als vrijwilliger.

"Nee, jij niet!" snauwde Noach. "Jij staat voor
vanavond op het menu."

Hij begaf zich naar het ruim om te zien welke
vogel er het minst appetijtelijk uitzag.

"Jij daar!" beet hij een vale gier toe. "Jij bent onze
verspieder. Ik wil weten of er leven aan land is."

De gier loenste de leeuw argwanend aan. Als
Noach iets zei, zat er meestal een addertje onder het gras. Aan de andere kant was hij wel in
voor een avontuurtje. De gedachte om weer eens
boven de bergtoppen te cirkelen, sprak hem wel
aan. Bovendien zou niemand zijn verhaal kunnen
controleren. Als hij met een gunstige tijding te-
rugkeerde en de dieren vrijgelaten werden, had hij
daar alleen maar profijt van.

"Tot uw dienst," sprak hij, met een lichte bui-
ging. "Ik ga meteen op pad."

"Een land overvloeiende van melk en honing,"
kraste de gier toen hij een dag later op de reling
neerstreek.

"Mm," zei Noach teleurgesteld. "Dat klinkt niet
erg aanlokkelijk voor een vleeseter."

"Waar melk is, zijn ook jongen," zei de gier met een vette knipoog.

"Wat voor jongen heb je gezien?" vroeg de leeuw.

"Wat zijn je favoriete hapjes?" was de wedervraag.

"Gazelles," zei Noach.

"Honderden," zei de gier.

"Reeënbout," zei Jeanne.

"Duizenden," zei de gier.

"Oké," zei Noach. "Ik weet genoeg. Mozes, leid onze Vrijheidsark naar een geschikte landingsplaats."

De dieren knipperden met hun ogen. Veel daglicht hadden ze in de ark niet gezien. Een voor een betraden ze het beloofde land. Toegankelijk zag het er niet uit: steile rotswanden zover het oog reikte. Maar alles was beter dan de tirannie van de leeuwen. Ieder hupte, sprong of kroop zijn vrijheid tegemoet.

Alleen Mozes bleef achter, in zijn stuurmanshut. In gedachten verzonken zat hij op de grond. Hij kon niet loskomen van een gedachte die hem een paar dagen geleden te binnen was geschoten.

Kon er een verband bestaan? Toen de mensen zo bedrijvig waren geweest in de haven, was het water gaan stijgen. Toen ze door het water verzwolgen waren, daalde de zeespiegel. Maar hoe het precies zat, kon hij niet bevatten. Daarvoor waren zijn hersenen te klein.

Peinzend stond hij op. Door het raam van de hut zag hij de dieren verdwijnen tussen de rotsen. Hij besloot hen achterna te lopen. In de ark was niets meer dat hem bond. De gedachten vloeiden weg uit zijn hoofd. Hij liep de loopplank af en zette voet aan wal.

Al stijgt de index nog zo snel:
bij welvaart vaart niet ieder wel.
Chemisch gesproken zit dat zo:
van CO_2 komt H_2O.

Bibliografie

Van Wim Meyles verschenen de volgende titels:

Spelen met Woorden (1980)
(woordspelingen)
Uitgeverij Bigot & Van Rossum, Baarn

Stof Genoeg (1982)
(woordspelingen)
Uitgeverij Bigot & Van Rossum, Baarn

Glimmen van de Lach (1983)
(woordspelingen)
Uitgeverij Bigot & Van Rossum, Baarn

Rijmelarie (1984)
(light verse)
Uitgeverij Bigot & Van Rossum, Baarn

Sodeklonje!! (1985)
(woordspelingen)
Uitgeverij Bigot & Van Rossum, Baarn

Pennestreken (1986)
(woordspelingen)
Uitgeverij Bigot & Van Rossum, Baarn

Laaiend van de Kou (1987)
(humoristische verhalen)
Uitgeverij Bigot & Van Rossum, Baarn

De Pitbull en de Zeven Geitjes (1991)
(moderne sprookjes)
Uitgeverij BoekWerk, Groningen

Schrans en Frietje (1993)
(moderne sprookjes)
Uitgeverij BoekWerk, Groningen

Volksverhalen uit het Plastic Tijdperk
(1970 – 2050) (2007)
(eigentijdse volksverhalen)
Uitgeverij Kontrast, Oosterbeek